Earth on fire

Joseph René Noyau (1911/12–1984) was a Creolophone and Francophone Mauritian writer and poet who wrote under a number of pseudonyms including Jean Erenne, which he used for the poems in this collection. A contemporary of Eluard, he exercises the same integrity and vigour and is not reluctant to explore the discomforting aspects of his fellow men, beginning and ending with himself. He lived and wrote at a crucial time in the history of the island of Mauritius, but he is no museum piece for the specialist to categorise and shelve; he is as gritty, disconcerting and rewarding as ever. His grave is not silent.

Gérard Noyau, third child of René Noyau, was born in Mauritius where he completed his secondary education and worked for some time as a teacher. He pursued his university studies in France and Wales, and then settled for a career in education in England, Nigeria and Wales. Gérard only came to his father's writings in 2010. This led to the publication in Mauritius of four volumes entitled *René Noyau: L'Œuvre* in 2012 and 2013. A chance meeting with Peter Pegnall, poet, about four years ago, led him to start translating his father's poetry. Since that meeting he has led translation sessions at poetry courses in Silves, Portugal. He has also co-edited *Pestilence*, a collection of poems and illustrations, inspired by COVID-19.

Poetry in translation by Two Rivers Press

Maria Teresa Horta, *Point of Honour* translated by Lesley Saunders (2019)
Henri Michaux, *Storms under the Skin* translated by Jane Draycott (2017)
John Pilling & Peter Robinson (eds.), *The Rilke of Ruth Speirs:*
   New Poems, Duino Elegies, Sonnets to Orpheus & Others (2015)
Arthur Rimbaud, *The Drunken Boat* translated by Geoff Sawers (1999)

Also by Two Rivers Poets

William Bedford, *The Dancers of Colbek* (2020)
Kate Behrens, *Man with Bombe Alaska* (2016)
Kate Behrens, *Penumbra* (2019)
Conor Carville, *English Martyrs* (2019)
Claire Dyer, *Interference Effects* (2016)
Claire Dyer, *Yield* (2020)
John Froy, *Sandpaper & Seahorses* (2018)
Ian House, *Just a Moment* (2020)
Rosie Jackson & Graham Burchell, *Two Girls and a Beehive* (2020)
Gill Learner, *Chill Factor* (2016)
Sue Leigh, *Chosen Hill* (2018)
Becci Louise, *Octopus Medicine* (2017)
Mairi MacInnes, *Amazing Memories of Childhood, etc.* (2016)
Steven Matthews, *On Magnetism* (2017)
James Peake, *Reaction Time of Glass* (2019)
Peter Robinson & David Inshaw, *Bonjour Mr Inshaw* (2020)
Lesley Saunders, *Nominy-Dominy* (2018)
Jack Thacker, *Handling* (2018)
Susan Utting, *Half the Human Race* (2017)
Jean Watkins, *Precarious Lives* (2018)

Terre en feu / Earth on fire
et autres poèmes / and other poems

René Noyau

translated by Gérard Noyau with Peter Pegnall

First published in the UK in 2021 by Two Rivers Press
7 Denmark Road, Reading RG1 5PA.
www.tworiverspress.com

© Gérard Noyau 2021

The right of Gérard Noyau to be identified as the translator of the work
has been asserted by him in accordance with the Copyright, Designs
and Patents Act of 1988.

All rights reserved. No part of this publication may be reproduced,
stored in or introduced into a retrieval system, or transmitted,
in any form, or by any means (electronic, mechanical, photocopying,
recording or otherwise) without the prior written permission
of the publisher.

ISBN 978-1-909747-85-2

2 3 4 5 6 7 8 9

Two Rivers Press is represented in the UK by Inpress Ltd
and distributed by BookSource, Glasgow.

Cover painting by Martin Andrews
Cover and text design by Nadja Robinson and typeset in Janson and Parisine

Printed and bound in Great Britain by CMP (UK), Poole

À la mémoire de ma mère, Jane Moorghen,
qui a eu le courage de divorcer de mon père,
et à mon père, René Noyau,
un homme bon avec ses propres démons.

In memory of my mother, Jane Moorghen,
who had the courage to divorce my father,
and of my father, René Noyau,
a good man with his own demons.

Remerciements

Je suis redevable envers :

mes sœurs Ginette Scott, qui, malheureusement, est décédée en août 2018, et Nicole Kringe, qui m'ont fait don des écrits de notre père qui étaient en leur possession,

mon épouse, Diana, qui m'est toujours d'une grande aide,

Jane Draycott, Robert Furlong, Alan Howe et Lesley Saunders qui m'ont aidé à compléter ce projet,

Peter Pegnall qui m'a encouragé durant ce projet à traduire les poèmes de mon père.

Il n'y aurait pas eu de livre sans Peter Pegnall. C'est grâce à lui que je me suis mis à traduire les poèmes de mon père. C'est avec son aide, fondée sur des compétences et connaissances établies à travers des années, et généreusement offerte au cours de nombreuses heures de délibérations, entre-coupées de rires et de plaisanteries, que nous arrivions à ce que nous nous pensions être le bon choix de métaphores, de rythme, d'assonance, d'allitération, de vocabulaire et de diction poétique. Le côté inventif, le mouvement et la passion ont été difficiles à reproduire, mais quand même grisants à être imités.

Acknowledgements

I am grateful to:

my sisters Ginette Scott, who, sadly, passed away in August 2018, and Nicole Kringe, for the generous gifts of our father's writings in their possession,

my wife, Diana, who is always of great support to me,

Robert Furlong, Alan Howe and Lesley Saunders who have helped me to complete this project.

Without Peter Pegnall this book would not have happened. It was at his suggestion that I attempted to translate my father's poems. It was with his assistance, based on his ability and awareness gained over many years and generously given over long hours, that, after careful deliberations, often with banter and laughter, we arrived at what we felt were the right metaphors, rhythm, internal rhyme, assonance and alliteration, use and range of vocabulary and diction. The invention, pace and passion were difficult to emulate, but exhilarating to mimic.

Publisher's acknowledgements

Two Rivers Press would like to acknowledge the support of our community, which has enabled us to keep publishing despite the disruption to our business that COVID-19 caused, and to thank Lesley Saunders and others for their sponsorship of this publication.

Table des matières / Contents

Préface | x
Foreword | xii

René Noyau, un aperçu | xiv
René Noyau, an introduction | xix

Terre en feu / Earth on fire

Premiers pas / First steps

Premier poème / First poem | 2
Au poète Marcel Cabon / To Marcel Cabon, the poet | 4
Corymbes / Corymbs | 6

Amour et désamour / In and out of love

Couleur du temps / Colour of time | 10
Toute la nuit / All night long | 14
À travers les mensonges du songe / Across the lies of dreams | 16
Fierté / Pride | 20
Écorces / Peelings | 22
À travers les nuages et le temps / Across clouds and time | 26
S y z y g i e / S y z y g y | 28

À travers un miroir opaque / Through a glass darkly

A simple presentation / Une simple introduction | 34
Portrait de ma sœur / Portrait of my sister | 36
Nature morte / Still life | 38
Légendes de temps et de lieu / Legends of time and place | 40
Qui est qui / Who is who | 44
Wisdom / Sagesse | 46

Briser les chaînes littéraires : surréalisme / Unyoke: surrealism

    L'ange aux pieds d'airain / The angel with feet of bronze | 50
    Récurrence mélodique / Melodic recurrence | 58

Briser les chaînes : Poèmes africains / Unyoke: African poems

    Notre ascendance / Our ancestry | 62
    Sega de liberté / Sega of freedom | 64
    Terre en feu / Earth on fire | 70

Prières / Prayers

    Perspective / Perspective | 78
    Pour une juste justice / For a just justice | 80
    L'abandon / Forsaken | 82
    Dormir mon Dieu et être sûr / To sleep dear God and be certain | 84

Note du traducteur | 86
Translator's note | 87

Have you ever been ambushed by a Mauritian? | 88
Vous êtes-vous arrivé d'être tombé dans une embuscade tendue par un Mauricien ? | 89

Préface

René Noyau est fascinant en tant qu'homme de lettres passionnément engagé ; en tant que pionnier de la liberté personnelle et littéraire dans la marche vers une île Maurice indépendante ; en tant que dramaturge, chroniqueur, essayiste ; en tant qu'écrivain de nouvelles, d'aphorismes et champion du Kreol ; en tant que poète du corps et de l'esprit. C'est sur ce dernier René que cet ample et généreux choix de ses poèmes attire notre attention.

René Noyau ne peut être casé dans quelque école de poésie ou d'après les sujets qu'il aborde. Il passe du terrestre à l'immatériel souvent dans le même poème. Il aime les images surréalistes, exotiques et surprenantes ; il côtoie et éclaire aussi l'ordinaire et il martèle son opinion sans répit. L'amour fait souffrir, cela va sans dire, mais il peut aussi nous vivifier ; les risques, même s'ils mènent à l'agonie, valent la peine ! Vivant dans une petite île, il n'est jamais loin de la mer, de son rythme régulier et de transition. Il méprise l'hypocrisie et ceux qui se donnent un air d'importance ; il est cinglant envers ses concitoyens et concitoyennes qui adoptent l'attitude de complaisance et d'injustice de leurs prédécesseurs coloniaux. A l'âge de trente-neuf ans il change « sa maison en béton dans une ville bourgeoise contre une case en pierre dans un petit village de pêcheurs et de laboureurs ». Il passe son temps à écrire, et vivre pleinement en membre de cette communauté de gens simples : cette vie engendre la moquerie de certains bien-pensants. Ce passage de sa vie offre une authenticité à son *Sega de liberté*, un chant pour les démunis, manifestement africain et subversif. Ce poème contribue à une interdiction, de courte durée, de débarquer à l'île de la Reunion, alors colonie française et maintenant département français d'Outre-mer. En 1950, un déjeuner en famille chez Léopold Sedar Senghor, poète de la négritude et plus tard Président du Sénégal, renforce l'identité africaine chez René Noyau qui prônera, par la suite, une négritude mauricienne avec des écrits qu'il nomme africains. C'est le British Council qui reconnaît ses talents de critique d'art et lui offre un long séjour en Angleterre en 1950. Cet homme, qui n'a jamais visité de galeries d'art, rencontre Henry Moore, Jacob Epstein, Barbara Hepworth, Dr John Wells, Celia Bertin, et bien d'autres. Après avoir lu René Noyau, on ne serait pas du tout surpris qu'il ait tenu tête haute en compagnie de ces augustes artistes.

Comme beaucoup de vrais artistes René n'était pas le meilleur dépositaire ou promoteur de son oeuvre et son île n'était pas tout-à-fait prête pour accepter sa force ou son originalité. Avec ce recueil nous voudrions bien essayer d'atteindre un public qu'il n'aurait jamais imaginé afin que son œuvre soit reconnue et devienne une découverte dans les années qui viennent, à travers les barrières culturelles et celles qui séparent les générations. Si j'avais à choisir un poème favori ce serait *Écorces,* un beau voyage d'amour lacérant. J'aime aussi *Wisdom*, un poème court mais plein de résonances, qui mérite son titre. Buvez profondément ses vers et choisissez ceux qui vous enchantent.

Peter Pegnall
Version française, Gérard Noyau

Foreword

There are many reasons to be fascinated by René Noyau: as a passionately committed man of letters; as a pioneer of personal and literary freedom in the march to an independent Mauritius; as an art critic; as a letter writer; as a playwright, journalist and story writer; as a champion of Kreol as an authentic form of expression; as a poet of the body and a poet of the spirit. It is this last René who commands our attention in this generous introductory selection of his poetry.

  He cannot be pigeonholed in any particular style or subject matter, moving from the earthy to the ethereal often in the same poem. A devotee of the surreal image, exotic and startling, he is also capable of a raw clarity that hammers home his meaning. Love hurts, it goes without saying, but it also leaps into life; is worth the risk, if not the agony! Living on an island, he is never far from the sea and its rhythm of permanence and transition. He is especially scornful of hypocrisy and self-importance and can be scathing about his countrymen and women when they seem to be mimicking the complacency and injustices of their colonial predecessors. Aged thirty-nine, he turned his back on a 'comfortable middle-class lifestyle and moved to a shack amongst labourers', devoted both to his writing and his membership of a simple community. This conviction lends greater authority to *Sega of freedom*, an anthem of the dispossessed, overtly African and subversive; it is still recognised as a rallying cry in the long battle against slavery and oppression. It also led to a short exclusion from La Réunion, then a French colony and now a French Overseas Department. He gained confidence and purpose from having lunch in Paris with Léopold Sedar Senghor, foremost 'negritude' writer and subsequently President of Senegal. He would on his return home be a strong advocate of a Mauritian negritude with works he labelled *African*. It was The British Council who recognised his stature as an art critic and funded a lengthy stay in England in 1950. A man who had never visited an Art gallery met and exchanged ideas with Henry Moore, Jacob Epstein, Barbara Hepworth, Dr John Wells, Celia Bertin, and many others. As a reader of his poetry, I would not be at all surprised if he held his ground in this extraordinary company.

  Like many true artists, René was not the best custodian or promoter of his work and his native land was not entirely ready for his force or originality. The current volume is an effort to reach an audience he might never have imagined, to be a recognition and a discovery for years to come, crossing age and cultural barriers. If I had to name a favourite poem, it would be *Écorces*, a beautiful and lacerating love journey; I am also enchanted by *Wisdom*, a brief but highly charged poem which fully earns its title. Drink deep from his words and select your own special pieces.

Peter Pegnall

René Noyau, un aperçu

> Voir clair en soi, en extraire toutes ses lumières pour explorer tous les sentiments humains et les faire jaillir comme une comète, comme un volcan, comme un geyser au milieu de ce monde figé depuis le premier péché qui a été l'acceptation des chaînes.
>
> —René Noyau

Joseph René Noyau, poète et écrivain mauricien d'ascendance africaine et européenne, est né et a grandi à Port-Louis, capitale de l'île Maurice. Sa date de naissance est incertaine : le 14 avril 1912, comme inscrit sur un de ses passeports, ou le 6 novembre 1911, comme il l'affirme parfois. Sa scolarité prend fin à l'âge de 14 ans. Il devient apprenti marin et puis fait de la copie chez un notaire avant de prendre un emploi permanent aux docks comme casseur de rouille dans les navires, puis pointeur et ensuite comptable-économe. En 1950, à l'âge de trente-neuf ans, il met fin à son emploi aux docks pour s'adonner librement à l'écriture sans être enchaîné par un emploi et un employeur.

Lire et écrire sont ce qu'il aime dès un très jeune âge. Lorsqu'il commence à travailler, il passe ses heures libres à étudier, révélant plus tard qu'il « crevait de fatigue et de faim à la table de la bibliothèque de l'Institut », bibliothèque publique située au centre de Port-Louis. Il note aussi que « c'est un débardeur qui me fit lire Romain Rolland, un petit employé des Postes *Les Fleurs du mal*, un planton de ladite bibliothèque qui me passait des livres en dessous qu'il me fallait rendre le lendemain ». Ce sont ces études littéraires approfondies du classicisme, du romantisme, du Parnasse et du symbolisme qui le mènent âgé de 22 ans à, écrit-il, « aborder le Surréalisme avec une tranquillité et un calme déconcertants ».

Ses écrits s'étendent sur une période de plus de cinquante ans. Outre son propre nom, il utilise un bon nombre de pseudonymes : Jean Erenne, Jean-Claude Bouais, Michèle Bouais, Madeleine Thomas, Louis-Aristide Sylvain, Prof, Observateur, Cœur de Pierre, R., N., R.N., J.E. Ses écrits publiés commercialement se limitent à trois signés Jean Erenne, dont deux recueils de poésies (*L'Ange aux pieds d'airain*, 1934, et *Le Labyrinthe illuminé*, 1939) et un livre d'aphorismes et de réflexions (*Le Poinçon de cristal*, 1942). Un recueil de nouvelles, *Passerelles*, 1936, est signé Jean-Claude Bouais. En 1940, paraît *Frontières*, anthologie comportant divers écrivains mauriciens et deux de ses textes : *La Lettre*, signée Jean Erenne, et *Filière*, signée

Jean-Claude Bouais. En 1964, les Presses Bucktowonsing publient *Le Procès Bissoondoyal*, signé Jean Erenne. Ce texte est publié de nouveau sous les titres *Quelques Épisodes de notre histoire* et *L'Inde et l'île Maurice*, dont la troisième édition voit le jour en 1978. La fable politique en kreol morisien de 1971, *Tention caïma*, et la version française, *Il y a toujours des caïmans*, sont signées René Noyau. La plupart de ses écrits postérieurs à 1950 sont offerts à ses amis et proches à l'île Maurice et à l'étranger, pour des raisons économiques et politiques. En 2012–2013 paraît *René Noyau : L'Œuvre*, ouvrage en quatre volumes dont le texte est établi et présenté par Gérard Noyau, avec la collaboration éditoriale de Robert Furlong et l'aide de *Culture et Avenir*, une cellule attachée au Bureau du Premier Ministre de l'époque.

Ses articles de presse et ses chroniques, dont environ 350 ont été retrouvés, paraissent dans les journaux *Action*, *Advance*, *Le Cernéen*, *Le Mauricien*, et le bimensuel *Zamana*, où ses nombreux articles sont anonymes suivant la coutume de cet organe. Une revue parisienne, *Le Musée vivant*, publie deux de ses essais : *L'Europe et l'Afrique se sont retrouvées dans un tableau de Lapicque* (1955) et *Présence africaine à l'île Maurice* (1956), ainsi que trois poèmes, *Terre en feu* (1955), *Les Arbres volent et les oiseaux tombent* (1957) et *Sega de liberté* (1959). Ces derniers, excepté *Les Arbres volent et les oiseaux tombent*, font partie de ce que Noyau appelle « écrits africains ». Saisissant une occasion qui lui est offerte de participer à une conférence pour célébrer le 250e anniversaire de la naissance de Jean-Jacques Rousseau, en 1962, il exprime sa propre et forte tendance pro-indépendantiste à un auditoire majoritairement opposé à l'indépendance. En juin 1963, le texte de son intervention, *Jean-Jacques Rousseau ou De l'indépendance* est reproduit dans *Amaranth*, une revue bisannuelle de Dyanane Conhea.

On le retrouve en Angleterre et en France en 1950 grâce à une bourse qui lui est offerte par le British Council. Malgré l'expérience qu'il qualifie « de tristesse d'immigrant » à Londres, « la capitale [...] du Colour bar à peine voilé », cette visite lui permet de rencontrer, en Angleterre, entre autres, Henry Moore, Jacob Epstein, Celia Bertin, Roland Penrose, les artistes de St Ives et, en France, Léopold Sedar Senghor, alors parlementaire français, puis Président du Sénégal. En partant, après un déjeuner en famille chez Senghor où l'on parla de la situation des noirs à Maurice, un baiser sur la bouche du benjamin de la famille le met en rapport avec son côté africain : « j'avais été inoculé, [...] la salive de cet enfant de 4 ou 5 ans, cet enfant de l'Afrique, avait passé dans ma bouche, avait gagné mon sang ».

À son retour d'Europe, il rejette la vie dans une maison en béton pour vivre de 1950 à 1954 dans une case sans électricité dans un village de laboureurs, de pauvres et de démunis. Dès lors, la politique, les pauvres et les exploités seront sa priorité. Fier de son héritage africain, il le revendique publiquement dans les années 1950, alors qu'à l'époque on avait tendance à mépriser et même à rejeter l'apport africain. C'est une question de santé qui le ramène à la ville de Beau-Bassin vivre chez sa sœur. Il commence alors un cycle d'écrits africains en 1955 avec le poème *Terre en feu*.

Que Noyau ait influencé certains développements littéraires et sociaux dans son île natale est indéniable. En 1934 il introduit le surréalisme avec *L'Ange aux pieds d'airain* et, en 1971, il relance la littérature en kreol avec la fable politique *Tention caïma*. De même, sa revendication et sa valorisation de son origine africaine ainsi que son attitude politique pro-indépendantiste le mènent à écrire en 1958 un article intitulé *Politique d'abord*. Il se décrit comme étant « timide mais audacieux ». Dans ses écrits, il est toujours prêt à s'opposer à tout ce qui lui semble injuste, n'évitant jamais la polémique.

Pour beaucoup de ceux qui connaissent les écrits de Noyau il est avant tout poète, et la poésie, rythmique et musicale, se révèle dans sa prose aussi. Il signe ses poèmes Jean Erenne sauf en quatre occasions : *As-tu trouvé ta croix ?* et *Simple Poème (à un poète veuf)*, deux poèmes volontairement truffés de plagiats, signés Louis-Aristide Sylvain et Madeleine Thomas respectivement ; deux versions d'un même poème, *Astralgie* et *Astralgique*, signées Jean-Claude Bouais ; et un long poème dramatique, *La Race d'Abel, première partie* (1975), signé René Noyau. *Astralgie* et *Astralgique* parlent d'étoiles, de cartes, et de messages qui s'y retrouvent ; ils se démarquent des autres poèmes en ce qu'ils reflètent l'intérêt de Noyau pour l'occulte. *La Race d'Abel, première partie* (1975) est signé René Noyau comme tous ses écrits après 1971.

Ses trois poèmes d'avant 1934 (*Premier Poème*, *Au Poète Marcel Cabon* et *Corymbes*) nous montrent que Noyau aurait pu suivre une carrière poétique admirée et acceptée par les traditionalistes d'alors. Il se sert de rimes, de ponctuation et de thèmes jugés légitimes : ambition de succès poétique, désir de trouver de nouveaux horizons, et la mort. Il évite, cependant, les multiples allusions presque obligatoires aux roses et aux flamboyants, ou au monde classique.

En juin 1934, le recueil *L'Ange aux pieds d'airain*, contenant sept poèmes, soit six cents mots environ, est présenté, à compte d'auteur, aux lecteurs mauriciens. Depuis 1919, Le Cercle littéraire de Port-Louis et sa revue *L'Essor*, composés d'une soi-disante élite, se posent en juges en matière littéraire, et surtout poétique. Noyau dénonce la complaisance qui règne à cette époque où l'on reste « rivé au classicisme, cramponné au romantisme et agenouillé devant le Parnasse » : c'est dans ce climat qu'il fait éclater le surréalisme avec *L'Ange aux pieds d'airain*, exaspérant les maîtres à penser, qui ne peuvent comprendre l'absence de rimes, de ponctuation dans des vers qu'ils considèrent incompréhensibles tels que :

Un clou
dans le pneu arrière de ma pensée
f   u   i   t   e

Les détracteurs passent à l'attaque. Noyau attend son moment. À la fin de 1935, il soumet au concours annuel organisé par *L'Essor* les deux poèmes plagiés, composés de vers et de strophes puisés de poètes bien connus, entre autres Baudelaire, Hugo et Nerval. Ces deux poèmes sont jugés avoir assez de mérite pour paraître dans *L'Essor* de février 1936. Le tour est joué, le plagiat est révélé dans *Maurice-Magazine* en mars 1936. Pendant la polémique qui s'ensuit et qui fera surface de temps en temps jusqu'aux années 1970, on retient cette phrase de Noyau : « Dieu quelle gloire ç'aurait été pour *L'Essor* et pour le Cercle de Port-Louis si le jury avait découvert les beaux truchements » (*Le Mauricien*, 21 mars 1936).

En 1939, il publie *Le Labyrinthe illuminé* à compte d'auteur. Une trentaine de poèmes cette fois : poèmes d'amour, poèmes surréalistes, calligrammes. Pour Noyau, l'amour est un microbe qui ne dure pas. L'amour finit toujours par la recherche « d'une autre étreinte ».

Avant 1950, il avait l'ambition, comme d'autres, de se faire un nom, peut-être même de partir pour d'autres rives. De retour d'Europe en 1950, et après des années de réflexions dans sa case, il comprend ce qu'est sa vocation d'écrivain, sa vocation de poète : celle d'être au service de son pays et de ses habitants, des pauvres, des démunis, des illettrés.

En 1959, il publie *Sega de liberté*, que Raymonde de K/Vern, poétesse mauricienne, caractérise comme étant une « magnifique expression sauvage et guerrière, avec ses racines plongeant dans un humus douloureux ». Les noirs, privés de leur héritage ancestral, retrouvent dans le battement du tambour l'appel de la terre noire et de leurs frères d'Afrique. Cette douleur et le souvenir de la source de cette souffrance sont les thèmes qu'on retrouve dans ses poèmes africains. Notons, en particulier, *Notre Ascendance* (1960), poème inclus dans ce volume ; le long poème politique, *Les Amis du peuple veillent* (1965 et 1968), premier et unique dans la poésie mauricienne ;

et le long poème dramatique, *La Race d'Abel, première partie* (1975).

Comme le note Claude Schrozenberger, un ami proche : « Pour [Noyau] la poésie n'a jamais été séparée de la vie ». En attestent ses poèmes d'amour et ceux nommés africains, mais également d'autres où la vie de tous les jours est bien reflétée : *Portrait de ma sœur* et *Qui est qui*. Il y a aussi la dimension spirituelle de ses prières, comme le poème *Pour une juste justice*, ainsi que l'angoisse et, peut-être, le sentiment de culpabilité qui l'animent devant l'éventualité de rencontrer pour la première fois ses trois enfants en même temps en 1974, dans *Depuis huit mois*.

Récemment un extrait du certificat de décès de René Noyau a été retrouvé notant l'heure, la date et la place de sa mort comme étant le 18 septembre 1984 à 16.30 à l'hôpital Victoria, Candos, et non le 17 septembre comme on pensait. Ce n'est que deux jours après sa mort, le 20 septembre, que la nouvelle se répand dans l'île. Il n'y eut pas de faire-part car, depuis 1960, il avait décidé que sa mort se passerait sans cérémonie et avait écrit : « Si je meurs et que le peuple est dans la boue, je demande qu'aucune roue ne tourne autour de mon cadavre [...] Pas de perte de temps et d'inutiles funérailles ».

Sur un bout de papier, Noyau avait écrit qu'il ne se voyait pas apprécié à sa juste valeur avant la fin du vingtième siècle. Espérons que cette édition bilingue mènera désormais à une meilleure connaissance de cet écrivain.

Gérard Noyau, Octobre 2020

René Noyau, an introduction

> To see clearly within oneself and to draw on all acquired wisdom in order to explore all human feelings and make them erupt like a comet, like a volcano or geyser, in the midst of a world become fossilised since the first sin, which was to accept to be shackled.
>
> —René Noyau

Joseph René Noyau, the Mauritian writer and poet of African and European descent, was born and grew up in Port Louis, capital of Mauritius. His date of birth is uncertain: 14 April 1912, as recorded in a passport, or 6 November 1911, as he sometimes claimed. His schooling ended when he was 14. He tried his hand as seaman apprentice and lawyer's clerk before settling down at the docks, first as rust remover for ships, then stocktaker, and finally as bookkeeper-accountant. In 1950, aged 39, he retired from the docks, to be free to write unimpeded by the shackles of employment and employer.

Reading and writing were what he loved doing from a young age. On leaving school he spent his non-working hours at the Mauritius Institute, a public library in the centre of Port Louis, studying while desperately hungry and tired. A docker lent him books by Romain Rolland and a Post Office employee introduced him to Baudelaire's *Fleurs du mal*. He said that it was this immersion in literature – classical, romantic, Parnassian, symbolist – that provided him, aged 22, with the confidence and calm to launch surrealism in Mauritius.

His writings appeared over a period of more than fifty years. He used his own name as well as a number of pseudonyms: Jean Erenne, Jean-Claude Bouais, Michèle Bouais, Madeleine Thomas, Louis-Aristide Sylvain, Prof, Observateur, Cœur de Pierre, R., N., R.N., J.E. His commercially published works were limited to three signed Jean Erenne, including two collections of poetry (*The angel with feet of bronze*, 1934, and *The labyrinth lit up*, 1939), and a book of aphorisms and reflections (*The Crystal punch*, 1942). He also published a book of short stories, *Gateways* (1936), signed Jean-Claude Bouais. In 1940, he edited *Frontiers*, an anthology by various authors, which included two of his own works: *The letter*, a short story signed Jean Erenne, and an essay, *Connections*, signed Jean-Claude Bouais. In 1964 Bucktowonsing Press published *The Bissoondoyal trial*, signed Jean Erenne. This text was republished as *Episodes from our history* (undated) and then *India and Mauritius*, which saw its third edition in 1978. Finally, in 1971, he published *Tention caïma*, a political fable in Mauritian Kreol with a French version, *Il y a toujours des caïmans* (*Beware alligators about*), both signed René Noyau. Most of his works, especially after 1950, were circulated only among his friends in Mauritius and abroad for economic and political reasons. In 2012–13 Gérard Noyau, his son, with the editorial collaboration of Robert Furlong, published a number of his works in four volumes under the title *René Noyau : L'Œuvre*, with the support of Culture and the Future, a department attached to the office of the then Prime Minister of Mauritius.

He contributed to the dailies *Action*, *Advance*, *Le Cernéen*, *Le Mauricien*, and to the fortnightly *Zamana*, where, in line with the newspaper's policy, his articles were published anonymously. In all about 350 of his articles and chronicles have been located and recovered. The Parisian magazine *Le Musée vivant* published two of his essays, *Europe and Africa meet in a painting by Lapicque* (1955) and *African presence in Mauritius* (1956), as well as three poems, *Earth on fire* (1955), *Trees fly and birds fall* (1957) and *Sega of freedom* (1959). Except for *Trees fly and birds fall*, all these writings form part of a cycle Noyau called "African works". In 1962 he was invited to speak at a conference to celebrate the 250th anniversary of Jean-Jacques Rousseau's birth. He used the occasion to express his strong pro-independence views to an audience in the majority against independence. The following year, the text of his contribution, *Jean-Jacques Rousseau or On independence*, was published in the Dyanane Conhea's biannual magazine.

In 1950, thanks to a generous British Council grant, he visited England and France. In spite of experiencing "the sadness of the immigrant" in London, "the capital [...] of scarcely veiled colour bar", this visit provided Noyau with the opportunity to meet, in England, many artists, including Henry Moore, Jacob Epstein, Celia Bertin, Roland Penrose, yet to be made a knight, and the artists of St Ives, and, in France, Léopold Sédar Senghor – then French parliamentarian and later on President of Senegal. On taking his leave after a lunch with the Senghor family, when they talked about the blacks in Mauritius, a kiss on the mouth from the youngest member of the family put him in direct contact with his African heritage: "I had been injected, [...] the saliva of this child, aged 4 or 5, this child of Africa, had passed into my mouth, had reached my blood".

On his return home he abandoned his house made of concrete to live, from 1950 to 1954, in a shack without electricity, in a village of labourers, of the poor and destitute. From then on, politics and the poor and the exploited are his priority. He was happy to acknowledge and celebrate his African origins at a time when African ancestry and heritage were not prized or even mentioned. For health reasons, in 1954 he moved to the town of Beau Bassin to live with his sister. Then, in 1955, he started what he called his African writings with his poem *Earth on fire*.

His influence on literary and social events in his island is undeniable. In 1934 he introduced surrealism with *The Angel with Feet of Bronze* and, importantly, in 1971 relaunched Mauritian Kreol in literature with the political fable *Beware alligators about*. Of note were his acceptance and celebration of his African heritage, and his strong pro-independence stance, which led him to write in 1958 an article entitled *Politics, first and foremost*. He described himself as shy but audacious. In his writings he was prepared to stand against what he felt to be unjust and to not avoid polemics.

To many who know his work he is first of all a poet, and poetry, its rhythm and music, is present in his prose too. His poems were signed Jean Erenne, except for four: *Have you found your cross?* and *Simple poem (to a widower poet)*, two plagiarised poems, signed Louis-Aristide Sylvain and Madeleine Thomas respectively; and two versions of the same poem, *Astralgie* and *Astralgique*, signed Jean-Claude Bouais. *Astralgie* and *Astralgique* refer to stars and playing cards and the message therein; they stand apart in subject matter from his other poems and reflect his interest in the occult. The long dramatic poem, *The race of Abel, first part* (1975), was signed René Noyau like all his works after 1971.

His three early poems from before 1934, *First poem*, *To the poet Marcel Cabon* and *Corymbs*, clearly show that Noyau could have chosen a poetical future admired and approved by the traditionalists. He used rhymes, punctuation and accepted themes: ambition for poetical success, desire to leave for new horizons, and death. However, he avoided, to a large extent, the almost compulsory references to the classical world, or to roses and flame trees.

Then in June 1934 the collection *The angel with feet of bronze*, consisting of seven poems of about six hundred words altogether, was published at the author's expense. Since 1919, The Literary Circle of Port Louis and its magazine *L'Essor* had reigned supreme over matters literary and especially poetical. Now Noyau denounced the complacency that still existed at the time when literature stayed "riveted to classicism, clinging to romanticism and kneeling before the Parnasse", and brought out his surrealist bombshell, *The angel with feet of bronze*, which exasperated those who set themselves up as judges of good poetry. They could not understand the absence of rhymes and punctuation, or enigmatic verses such as:

A nail
in the back tyre of my thought
p   f   t

The critics went into attack mode. Noyau bided his time. At the end of 1935 he submitted two poems, made up of lines and stanzas taken from well-known poets such as Baudelaire, Hugo and Nerval, to the annual ompetition organised by *L'Essor*. These poems were judged good enough to appear in the February 1936 edition of the magazine. Noyau revealed the plagiarism in *Maurice-Magazine* in March 1936. A sentence stands out in the polemic that ensued and lasted well into 1970s: "What a glorious achievement it would have been for *L'Essor* and The Literary Circle of Port Louis if the jury had discovered the origins of those fine verses" (*Le Mauricien*, 21 March 1936).

In 1939 he published *The labyrinth lit up* at his own expense. Thirty poems this time: love poems, surrealist poems, calligrams. To Noyau, love was a microbe with a short life. Love always ended up in a search for "another embrace".

Before 1950, his ambition was to make a name for himself and perhaps even to leave for other shores. On his return from Europe in 1950, after years of reflection in his shack, he understood the nature of his vocation as a writer and a poet: it was to be the servant of his country and its inhabitants, the poor, the destitute, the illiterate.

In 1959, he brought out his *Sega of freedom*, which the Mauritian poet Raymonde de K/Vern described as "a splendid, wild and warlike evocation with its roots reaching deep down into a painful humus". Deprived of their ancestral heritage, the blacks found in the rhythm of the drum the call of that black land and their African brothers. That pain and the memory of its source are the themes of Noyau's African poems. Particularly notable are: *Our ancestry* (1960), included in this book; *The friends of the people are watching* (1965 and 1968), his long political poem, the first and only one in Mauritian poetry; and his long dramatic poem, *The race of Abel, first part* (1975).

Claude Schrozenberger, a close friend, wrote: "To [Noyau] poetry has never been separate from life". This is illustrated particularly well by his love poems and his African poems, as well as by *Portrait of my sister* and *Who is who*. There is also the spirituality of his prayer poems, such as *For a just justice*, and in *For the last eight months* the anguish of a guilty conscience, which plagued him at the prospect of meeting for the first time, in 1974, his three children all together.

It was thought that René Noyau died on 17 September 1984. A certified extract from his death certificate reveals that he died at 4.30 pm on 18 September 1984 at Victoria Hospital in Candos. It was not until two days after his death that the news spread in the island. No notice of death had appeared because, from 1960 onwards, he had resolved that his death should pass without ceremony and had written: "If I die and the people are steeped in mud, no wheel should turn around my corpse [...] No waste of time and useless funeral".

Noyau wrote on a scrap of paper that he could not see himself appreciated at his true worth before the end of the twentieth century. Let us hope that this bilingual edition will help in making him better known.

Gérard Noyau, October 2020

Terre en feu / Earth on fire

Premiers pas / First steps

Premier poème (1931)

Ma Vie est un poème avec des rythmes d'or.
Un sanglot, une larme est sa seule harmonie ;
une hésitation, une mélancolie
lui font un triste son de cloches ou de cor.

Ma Vie est un poème à peine commencé ! ...
Son premier hémistiche exhale une musique ;
le second un parfum d'une fleur balsamique,
et le tout n'est qu'un mot... mais jamais prononcé.

Ma Vie est un poème avec des rimes d'or,
un poème aussi bleu que la mer sous l'été,
paisible tel, le jour, un scarabée qui dort.

Ma Vie est un poème – inconcevable encore –
un nuage qui fuit dans un ciel argenté
poussé par des vents vers un immobile port...

Ma Vie est un poème encore inachevé.

First poem

My Life is a poem with golden rhythms.
A sob, a tear is its sole harmony;
a hesitation, a melancholy
give it its sad sound of bells or horn.

My Life is a poem scarcely started! ...
Its first hemistich breathes out music;
the second a scent of a balsamic flower,
and the whole is only a word... never uttered.

My Life is a poem with golden rhymes,
a poem as blue as the sea under summer skies,
peaceful as a beetle sleeping all through the day.

My Life is a poem – still beyond conception –
a cloud in flight in a silvery sky
moved by winds towards a motionless harbour...

My Life is a poem still unfinished.

Au poète Marcel Cabon* (1933)

Viendra le temps des roses blanches
en guirlandes sous les auvents
viendra le temps des vrais lauriers
après les veilles et les peines.

Et puis viendra la saison belle,
la saison des soirs à l'hôtel,
où dans le parc les demoiselles
te souriront sous leurs ombrelles.

Chaque dimanche les visites
pleuvront sur ton seuil pour le thé ;
les jours mauvais, tu le mérites,
seront au fond noir du Léthé.

Mais il faut aussi que tu songes,
quand viendra le temps des lauriers,
que la gloire c'est peu de chose
auprès des vieilles amitiés.

---

* Marcel Cabon (1912–1972), écrivain, poète et journaliste Mauricien. Il fut pendant de nombreuses années le rédacteur en chef du *Mauricien*. Par la suite, il occupa les mêmes fonctions au quotidien *Advance*, journal pro-travailliste. Il fut aussi à l'origine de nombreuses initiatives culturelles et littéraires.

To Marcel Cabon,* the poet

It will come the time of white roses
in garlands under your roof
it will come the time of true laurels
after all the sleepless nights and hardship.

And then will come the beautiful season,
the season of nights in hotels,
when in the park young ladies
will smile at you from under their umbrellas.

Every Sunday many visitors
will flow over your threshold for tea;
the bad days – you deserve no less –
will disappear at the bottom of the Lethe.

But you must also reflect,
when the time of laurels comes,
that glory is a very small thing
alongside old friendships.

---

* Marcel Cabon (1912–1972), Mauritian writer, poet and journalist. He was for a number of years editor-in-chief of the Mauritian daily *Le Mauricien*. Later on he assumed the same position at the pro-Labour daily *Advance*. He initiated a number of cultural and literary events.

Corymbes (1933)

I.

Les roses meurent
lentes et claires
ces roses d'octobre.
Par la fenêtre ouverte un rai de lune lent
entre doucement
en balançant le store blanc
Rien ne vibre…
Seule la lampe pétille
– et mon esprit –
en vouloir de s'éteindre

II.

…Tu me parles de gloire ; fumée vaine,
écorce amère, fruit mordu par trop de dents.

Ce soir est tendre et bien comme un rêve d'enfant :
Mais j'ai passé longtemps ce temps des plus beaux rêves.
Laissez-moi déchirer et jeter dans le vent
ces lauriers qu'on a mis, flétris, sous mon auvent.
Je ne veux rien. Je vais partir pour d'autres rives.
Hier est mort, aujourd'hui est bien vieux, des glas tintent.

Corymbs

I.

The roses die
slow and clear
these October roses.
By the open window a slow ray of moonlight
comes in gently
swinging the white blind
Nothing pulses…
Only the lamp sparkles
– and my spirit –
willing itself to fade away

II.

> … *You speak to me of glory; vain puff of smoke,*
> *bitter bark, fruit bitten into by too many teeth.*

The evening is tender and comfortable like a child's dream:
But I have long outlasted the time of the most beautiful
   dreams.
Let me tear and throw into the wind
these withered laurels they have placed under my roof.
I do not want anything. I want to leave for other shores.
Yesterday is dead, today is very old, the bells toll.

Amour et désamour /

In and out of love

Couleur du temps (1939)

I.

Je ne pourrai jamais te dire
toutes les choses belles
que je rêve pour toi. Telle-
ment que crève ma voix de désir.
Une péniche noire, lourde de poissons qu'on voit parce qu'ils
    bougent, parce qu'ils luttent comme certains hommes trop
    sensibles contre l'air qui n'est guère respirable, l'air plein
    de la limaille de lune….

Oh ! comme il est pénible, conscience, de vivre
quand la nuit est si claire,
quand crie trop fort l'odeur de vaincre,
quand l'orgueil se débat aux serres du désir !

Mais toutes ces choses, comment te les offrir autrement que par
    mes mains croisées, les yeux fermés, les lèvres closes ; que par
    la musique qui fait plier sur lui-même mon amour, la musique
    de ce poème intérieur qui est trop douce et trop violente, trop
    subtile et trop précise, trop tendre et trop brutale, cette musique
    si intime que j'ai peur pour l'éclat du Monde si elle se meut.

II.

Le clavier s'éveille et s'allume pour une mélodie bien douce
    et bien tendre dans une illusion de vagues qui se brisent pour
    reprendre force sur le sable

Les souvenirs se pressent font la chaîne la ronde et dansent
ma tête tourne
je vois le visage d'un petit garçon bien portant
qui sourit à travers mes vingt-sept ans
je vois le visage d'un homme de mon âge
qui sanglote derrière le grillage de mon enfance
je vois un visage de femme
puis un autre

Colour of time

I.

I will never be able to tell you
all the beautiful things
I dream for you. So much
the voice of my desire holds me back.
A black barge, heavy with fish which we see because they
    move, because they struggle just as some very sensitive men
    against the air which is hard to breathe, the air full of
    moon filings....

Oh! how hard it is, conscience, to live
when the night is so clear,
when the smell of victory cries out too loud,
when pride fights within the claws of desire!

But, all these things, how can I offer them to you except with
    my hands crossed, eyes shut, lips closed; except with music
    which makes my love fold on itself, the music of this inner
    poem which is too gentle and too violent, too subtle and too
    precise, too tender and too harsh, this music so intimate
    that I fear for the radiance of the World if it moves.

II.

The keyboard comes alive, lights up for a melody so sweet
    and so gentle in an illusion of waves which break on the sand
    to regain strength

Memories force forward form a chain, a circle and dance
my head spins
I see the face of a healthy little boy
who smiles across my twenty-seven years
I see the face of a man of my age
who sobs behind the screen of my childhood
I see the face of a woman
then another

puis
puis une multitude de visages
et j'ai peine à me reconnaître
moi
dans cette ronde de souvenirs
dans ces souvenirs qui font la chaîne-de-dames
dans cette chaîne de vagues bien douces et bien tendres
que provoque l'incendie du clavier
tes doigts

then
then a multitude of faces
I can hardly recognise myself
me
in this circle of memories
in these memories which form this chain-of-women
in this chain of waves so sweet and so tender
that provokes the fiery strength of the keyboard
your fingers

Toute la nuit (1939)

TOUTE la nuit, femme aussi simple que la palme
Que balance le vent sur ma fenêtre sombre,
J'ai songé au bonheur qu'ont éveillé vos doigts
Sur ce clavier où flotte un monde de parfum.

Vous aviez évoqué toutes les feuilles blêmes
De mon passé, toutes les sèves de mes joies.
Ce grand arbre, là-bas, qui monte vers l'azur,
Cet arbre, c'est mon signe essentiel d'amour.

Toute la nuit au souvenir liquide de vos lèvres,
J'ai mis mon cœur au creux des gorges du silence.
Trop las pour soupçonner et pour mentir encore,
Trop fier d'avoir mordu au fruit sucré de ce jeune arbre,
J'ai songé au bonheur qu'ont éveillé vos chants
Dans cette chambre où flotte un monde de tendresse.

Toute la nuit, femme plus simple qu'une palme,
J'ai songé aux bonheurs compliqués des humains.

All night long

ALL night long, woman as guileless as the palm
Which the wind brushes against my darkened window,
I have dreamed of the happiness awakened by your fingers
On this keyboard lapped in a world of perfume.

You had raised in me all the pale leaves
Of my past, all the sap of my joys.
The big tree, over there, which reaches towards the azure,
That tree is the deep sign of my love.

All night long to recall the liquid of your lips,
I have laid my heart in the hollow of the depths of silence.
Too weary to suspect and to lie again,
Too proud from having bitten the sweet fruit of this young tree,
I have dreamed of the happiness awakened by your songs
In this room lapped in a world of tenderness.

All night long, woman more guileless than a palm,
I have mused on the tangle knot of human happiness.

À travers les mensonges du songe (1939)

I.

SUR la route où nous avançons depuis toujours,
l'un vers l'autre,
où d'autres, avant nous, se sont croisés, étreints,
séparés,
nous nous trouverons en face l'un de l'autre,
un jour, nous nous sourirons.
Que pourrons-nous ?
Le ciel sera couleur de gloire et la route blanche.
Du soleil comme au premier jour de la création.
Une gerbe d'espoirs brûlés entre tes doigts
achèvera son mol effacement.

Je te prendrai la main pour te sauver du doute.
Mais ce sera la fin d'une attente
et l'éveil d'une angoisse
qui espère en la lumière
d'une autre étreinte.

II.

AMIE à la chevelure douce et longue et noire comme la nuit,
Aux yeux de rêverie et de discrète charité,
– Sources d'une tendresse inépuisable qui m'étreint ;
Amie aux mains qui sont de subtiles offrandes,
Aux doigts prudents et chastes qui me guident,
Aux doigts tout parfumés de mystiques anneaux ;
Amie que j'attendais toujours comme un miracle
De la vie embellie par milles grappes vives,
– Lumière qui m'attire, qui m'attire comme la mort.

Across the lies of dreams

I.

ON the road where we are always on the move,
the one towards the other,
where others before us have met, embraced,
separated,
we will find ourselves face to face,
one day, we will smile at each other.
What else could we do?
The sky will be the colour of glory and the road white.
The sun like on the first day of creation.
A spray of hope burnt between your fingers
will complete its soft passing.

I will take you by the hand to save you from doubt.
But it will be the end of a longing
and the dawn of an anguish
which hopes for the light
of another embrace.

II.

FRIEND with hair soft and long and black as the night,
With dreamlike eyes which speak discreet charity,
– Sources of a bottomless tenderness which grips me;
Friend with hands which are subtle offerings,
With cautious and chaste fingers which guide me,
With fingers drenched by the perfume of mystical rings;
Friend who I have been waiting forever as a miracle
Of life adorned by a thousand bright flower-heads,
– Light which attracts me, which attracts me like death.

III.

AVEC des mains ivres d'étreintes et pleines de miel caché,
démaillons la chaîne plus forte que celle qui retient
au port le grand navire qui emportera demain
les parfums de notre île ;
– plus fragile qu'un fil de pluie,
simple comme un conseil –
démaillons les anneaux de la chaîne
de notre double vie.

La mémoire est une grenade qui s'égrène…
Faisons le signe lumineux du beau pardon.
Croisons nos pouces comme quand on pense aux choses graves.
Épelons les noms sonores ou simplement doux des villages
que nous avons rencontrés
au long du voyage inassoiffé de roses,
le beau voyage de notre double vie.

Faisons le signe essentiel qui fait pleurer.
Nous n'appartenons plus qu'à des joies mal éteintes
et nous poussons devant nos pas les pâles fleurs
qui sont nos pensées passées
(car le Présent n'existe pas).
Faisons le signe qui délivre.

– L'amour est un espace
trop blanc pour notre race
chargée du poids trop lourd des mensonges humains.

III.

WITH hands drunk from embraces and full of hidden honey,
let us undo the chain stronger than the one holding
in the harbour the big ship which tomorrow will carry away
the perfumes of our island;
– more fragile than a thread of rain,
as clear as a piece of advice –
let us undo the links of the chain
of our double life.

Memory is a grenade which splinters...
Let us make the shining sign of beautiful forgiveness.
Let us cross our thumbs like when we think of important things.
Let us spell the sonorous or simply sweet names of villages
which we have met
during our unthirsty journey of roses,
the beautiful journey of our double life.

Let us make the essential sign which makes us cry.
We now only belong to joys poorly extinguished
and we push in front of our steps the pale flowers
which are our past thoughts
(for the Present does not exist).
Let us make the sign that delivers us.

– Love is a region
too pale for our race
so heavily laden with human lies.

Fierté (1939)

Mes mains avaient appris à t'appeler parmi les foules.
Je t'avais reconnue au signe simple de la joie
et nous sommes restés longtemps à regarder
les hommes qui passaient au son tumultueux des cuivres de l'amour.

Puis tu m'as demandé d'oublier comme on demande à boire…
je t'ai tendu ma grande coupe débordante de silence.
Et depuis, entre nous, il existe un regard
dont la lumière est déchirante comme un cri !

Pride

My hands had learnt to call you in a crowd.
I had recognised you from the simple sign of joy
and we stayed a long time looking at
people who passed to the swirling fanfare of love.

Then you asked me to forget like we'd ask for a drink...
I stretched out my great goblet overflowing with silence.
And since then, between us, there exists a look
whose light is as heartrending as a scream!

Écorces (1939)

Silence des branches dans la nuit
nuit de silence dans les branches
silence de mon ennui
ô branches
votre immobilité ressemble au passé

Le jour quand dans la brise vous dansez
vous ressemblez à l'avenir

Passé Ô nuit vaporeuse
comme une joie de mon enfance
comme une joie très simple de mon enfance
je songe aux courses sans cause de mes désirs
et à ces heures
qui mettaient de grosses taches brunes
sur mon attente toujours fiévreuse
de l'amie partie un soir de lune
et qui m'avait promis de revenir
et qui n'est jamais revenue

J'ai beaucoup souffert du ciel
étrangement bleu des palmes des matins
qui arboraient de vertes espérances
j'ai beaucoup souffert de la mer

Puisque je ne pouvais l'aimer sans souffrir
non plus que souffrir sans l'aimer
pour changer de peine
d'ennui
de solitude
j'ai couru à d'autres rives de désir

Oui j'ai beaucoup souffert de la mer
de la mer sans fin
de la mer toujours pareille à elle-même
parce qu'à l'heure où l'ombre
apaisait le chant des cigales
venaient du large de grandes péniches aux mâts couchés

Peelings

Silence of branches in the night
night of silence in the branches
silence of my ennui
oh branches
your immobility speaks to me of the past

In the daytime when in the breeze you dance
you tell me the future

Gone Oh misty night
like a joy of my childhood
like a very simple joy of my childhood
I muse on the flights without cause of my desires
and at the times
which place large brown stains
on my forever feverish wait
for she who left one moonlit night
she who had promised to return
but has never come back

I have suffered a lot from the unusually blue sky
through the morning palms
sporting vain green hopes
I have suffered a lot from the sea

Since I could not love her without suffering
nor suffer without loving her
to change my pain
my ennui
my solitude
I ran towards other shores of desire

Yes I have suffered a lot from the sea
from the endless sea
from the sea which is always the same
for at the time when darkness
calmed the song of the cicadas
there came from the sea large barges mast furled

Alors c'était le chant des pêcheurs qui mordait le silence
ce chant aux paroles qu'on ne pouvait comprendre
mais qui étaient belles parce qu'on devinait leur angoisse
mais qui étaient belles parce qu'on ne pouvait les comprendre

Sur l'eau crayeuse
la lune venait justement de paraître
un frisson précédait les barques
les barques précédaient la nuit
la nuit précédait l'amour
mais ma peine précédait tout cela

O nuits d'amour sur des rives neuves
avec des filles sans joie
O nuits d'amour sans amour
avec des enfants sans enfance
Les filaos* berçaient le vent
et la lune roulait d'un bout du monde à l'autre

---

* Casuarinas. Filao, d'usage depuis bien longtemps à Maurice, est dans la liste de mots du Petit Robert.

Then it was the song of fishermen which bit into the silence
that song with words which we could not understand
but which were beautiful because we could guess their anguish
but which were beautiful because we could not understand them

On the chalky water
the moon had just appeared
a shudder preceded the fishing boats
the boats preceded the night
the night preceded love
but my pain preceded all that

Oh nights of love on new shores
with joyless women
Oh nights of love without love
with children without childhood
The filao trees* swayed in the wind
and the moon made its way from one end of the world to another

---

* Casuarinas. We have kept *filaos* for local colour.

À travers les nuages et le temps (1939)

Il y a les précipices de l'orgueil entre nous
et ce vieux vice qu'on nomme habitude
et qui est inévitable comme le péché originel.
Il y a aussi ces longues flèches saignantes,
ces flèches incendiaires du crépuscule,
ces flèches que ni la mort ni les mots
ne peuvent rompre,
ces simples flèches de nos yeux qui se souviennent.

Et nous avons creusé entre nous un abîme
de courage où nos cœurs se plongent tour à tour.
Le mensonge est banni de nos lèvres, et pour
que notre joie, notre grande joie ne s'abîme,
nous avons bâti une chapelle de silence
où viennent quelquefois par delà nos présences
des couples de pensées, enlacés, qui s'enroulent et se penchent
tels des vols éperdus de goélettes blanches.

Sur la berge où s'endorment de grandes péniches
voilées de brume lunaire,
parmi l'odeur salée des algues et du sable,
je retrouve et caresse un grand oiseau sauvage
déplumé, roidi, lavé par toutes les vagues millénaires,
asséché par les millions d'éclairs qui transpercent l'espace
et par toutes les étoiles brûlantes des passions,
le bel oiseau de notre songe inatteignable.

Et ce soir, par delà l'horizon de ta voix,
j'ai pris toutes les coquilles
que nous avons ramassées ensemble
sur les plages perdues,
et j'assiste – pour un rythme dernier –
les oreilles collées aux fentes,
au grand drame angoissant qui se joue dans la mer et dans mon coeur.

Across clouds and time

There are chasms of pride between us
and this ancient vice we call habit
as inevitable as original sin.
There are also these long bleeding arrows,
these burning arrows of twilight,
arrows which neither death nor words
can break,
these everyday arrows darting from our eyes which remember.

And we have created between us an abyss of courage
where our hearts dive again and again in turn.
Lies are banished from our lips, so that
our joy, our great joy is not spoilt
we have built a chapel of silence
where sometimes from beyond our presence come
thoughts, laced in pairs, which coil and bend
like frantic flights of white sails.

On the bank where large barges lie sleeping
veiled in a moonlit mist,
among the salty smell of seaweed and sand,
I find and stroke a big wild bird
featherless, stiff, washed by all the ageless waves,
dried by the many shafts of lightning which pierce space
and across all the stars burning with passion,
the beautiful bird of our unattainable dreams.

And tonight, well beyond the horizon of your voice,
I have taken all the shells
we collected together
on the lost beaches,
and I witness – with a last beat –
my ears pressed against the openings,
the harrowing drama which plays out in the sea and in my heart.

Syzygie (1956)

S'en vient le temps
où tes remords apparaîtront comme un témoin
unique à la barre implacable de tes tempes
où tous mes torts et mes tourments s'en iront loin
d'où ils étaient venus,
autrefois,
sous les effets des maléfices
que ton orgueil échafauda
contre toute patience.
Ton cœur parjure
mais nullement transfuge
dans ton torse d'oiseau
appréhende déjà les vents des migrations,
les grands vents bruns et froids d'une automne furtive
et suit en songe
les formations équidistantes des marsouins
en pleins ébats
dans la Mer Rouge.
La nuit s'est divertie comme un train dans la nuit
Paris – Le Havre
et le jour qui se lève est comme un corps fleuri
du couteau homicide.
Tes yeux puits torturés quand dormait ton village
dans son odeur de jaque mur,
tes yeux,
eux,
je les devine,
reflètent d'anciennes robes de vichy noir,
tes yeux, je les dépiste,
évoquent
des peurs
de vivre
comme une fille dépouillée qui sentirait bouger en elle
le fruit de son amant en geôle pour un viol.

Syzygy

The time will come
when your remorse will appear as sole witness
on the implacable lines of your temples
when all my wrongs and torments will go far away
where they had come from,
in times past,
as a result of the evil spells
which your pride stacked
against all forbearance.
Your treacherous
but never renegade heart
in your birdlike chest
already dreads the winds of migrations,
the great winds dark and cold of a stealthy autumn
and follows in a dream
the equidistant formations of porpoises
frolicking
in the Red Sea.
The night entertains itself like a train in the night
Paris – Le Havre
and the rising day is like a body embellished
by the homicidal knife.
Your eyes tortured wells when your village was asleep
in its smell of ripe jackfruit,
your eyes,
your eyes,
I can see them,
they reflect ancient black gingham dresses,
your eyes, I can track them,
they conjure up
fears
of living
like a dispossessed woman who might feel in her
the fruit of her lover jailed for rape.

Comme ce ciel à cette mer
à plat
à l'horizon
tes lèvres sont cousues
et tout est contraste dans tes gestes d'écume,
pardons épars,
départs abandonnés.

Mais jure ô parjure
sur la mer et le ciel de ton obscur visage,
que tu voulais la part du lion dans l'aventure absurde
que tu croyais heureuse
pour confondre ton cœur jadis émerveillé
maintenant verrouillé
comme celui de ces témoins achetés pour le drame.
Voilà longtemps que je guettais calme cette heure
où ton automne brandirait son signal vert ou rouge
selon que ton destin aspire à reverdir
ou à errer sur cette route
ou sur la mer et sous le ciel
où tu fuyais obstinément avec ton coeur d'oiseau.
Ma route à moi était barrée.
Mon ciel à moi était fermé.
La mer, la mer sans fin, cachait ses poings irréductibles
sous les draps en sommeil d'un printemps africain.
C'était avril.
Nous sommes aujourd'hui dans le deuil de nous-mêmes,
chacun de son côté,
entre nous mille villes,
chacun sur un long quai
attendant, les mains vides,
le train avide de vouloir ramener l'un
lorsque l'autre ne sera plus.

Like this sky to this sea
lying flat
at the horizon
your lips are sealed
and everything is contrast in your elusive gestures,
scattered forgiveness,
abandoned departures.

But swear oh perjurer
on the sea and sky of your opaque face,
swear that you wanted the lion's share in this absurd
    adventure
which you believed happy
to confound your heart once rapt in wonder
now locked
like the hearts of witnesses bought for dramatic effect.
For some time now I have laid calmly in wait for the moment
when your autumn would brandish its green or red light
depending on whether your fate aspires to a rebirth
or to continue wandering on this path
or on the sea and under the sky
where you stubbornly kept fleeing with your flighty heart.
My own road was blocked.
My own sky was shut.
The sea, the endless sea, hid its uncompromising fists
under the drowsy sheets of an African spring.
It was April.
We are today in mourning for ourselves,
each on his own,
between us a thousand towns,
each on a long platform
waiting, with empty hands,
for the train which eagerly wishes to bring back one of us
when the other will no longer be.

À travers un miroir opaque /

Through a glass darkly

A simple presentation (1939)

Voici la femme-planche
fraîchement peinte de rouge et de blanc
à peine sortie du chantier
Les huit coups de l'horloge ont bronzé le silence
un bec de gaz soupire au fond de l'avenue
la femme-planche est ce soir plus planche que jamais
Un nul satin poursuit le rêve machinal
du dos
elle est comme un bonbon qui fondrait sous les doigts
La cigarette habille son allure habile
un tambour en sourdine ricane sous ses pas
elle jette les miettes de pain de son sourire
à des faces montées sur de superbes cols glacés
Entrez par ici Messieurs cette femme qui danse
si blanche et si extraordinairement planche
qu'on croirait quand elle vient qu'elle s'en va

Une simple introduction

Here comes the woman-plank
freshly painted red and white
just leaving the dockyard
The eight strokes of the clock have bronzed the silence
a gaslight sighs at the end of the avenue
the woman-plank is this evening even more plank than usual
A little nothing in satin follows the automatic dream
of her back
she is like a sweet that would melt under your fingers
The cigarette enhances her adroit allure
a muted drum sneers under her steps
she throws the breadcrumbs of her smile
at faces perched on top of superbly glazed collars
Come right this way Gentlemen this woman who dances
so white and so extraordinarily plank
that one would think when she is coming that she is going

Portrait de ma sœur (1939)

Un visage d'un brun pâle et mâle
sourit à demi enchâssé dans le cadre
sourcils hirsutes
regards de mourant ressuscité
de neuf cent quatorze
une petite bouche
affreuse et douce
un corps articulé
une loque
dans une laque noire
la petite bouche parle de saints
de paradis
et d'autres mots gros comme les seins
on l'a dit femme
on l'a dit sainte
mais elle fume et mange et joue
et prend des boissons fortes
c'est un être asexué
et cynique comme une orange verte

Portrait of my sister

A face pale-brown and male
a half-smile set in the frame
bushy eyebrows
a look of the dying risen again
of nine hundred and fourteen
a small mouth
ghastly and sweet
a mechanical body
a wreck
in black lacquer
her small mouth speaks of saints
of paradise
and other words fat as breasts
they call her a woman
they call her a saint
but she smokes and eats and gambles
and takes hard liquor
she is a sexless creature
and cynical as a green orange

Nature morte[*]

Sa grâce suspendue
la grenade mordue
les arbres décollés
une chevelure éparse
un étui de violoncelle
un bruit de moteur
un vendeur de journaux
toute une simplicité de femme assise
triant du riz

[*] Poème posthume

Still life*

Her gracefulness suspended
the pomegranate bitten into
trees blasted off
hair wind-blown
a cello case
an engine sound
a newspaper seller
all the simplicity of a woman sitting
cleaning rice

* *Nature morte* was published posthumously in 2013.

Légendes de temps et de lieu (1939)

I.

Les étoiles ne sont plus des lampes,
Ce sont des visages qui sourient
Parce que le ciel ainsi que mon cœur est clair.
La lune n'est plus l'écuelle du chien,
C'est une chèvre qui s'en va
Très lentement boire à l'étang
Et qui sème sur la prairie son lait pur
Et dans mon cœur sa laine grise.
Et l'arbre n'est plus l'arbre,
C'est un pauvre au bord du chemin,
Un mendiant qui tend les mains
Au bord du chemin de mon cœur.
Et je chante pour lui qui ne peut plus m'entendre
Que par le beau miracle vivant de ses sèves.

Et je ne chante pas.
Je trace simplement des routes
Parce que des visages me sourient.
Parce que la chèvre va boire
Et que m'écoute un mendiant.

II.

La nuit est restée dans le puits
Parce que durant tout le jour
Le vent a fait pencher les branches
De l'arbre aux feuilles involutives
(Dont je ne sais pas le nom)
Sur la margelle invincible,
Et que le soleil n'a pas paru.
– Depuis le vent n'a pas bougé.
Seul l'arbre se retire un peu
Mais pour encore se pencher
Sur le puits abyssal et noir
Où la nuit est prisonnière.

Legends of time and place

I.

The stars are no longer lights,
They are faces that smile
Because the sky as well as my heart is clear.
The moon is no longer the bowl of the dog,
It's a goat which moves
Very slowly towards the pond for a drink
And which sows its pure milk on the meadow
And its grey wool in my heart.
And the tree is no longer the tree,
It's a poor man at the side of the road,
A beggar stretching his hands
At the edge of the road to my heart.
And I sing for the one who can no longer hear me
Except through the living miracle of his lifeblood.

And I do not sing.
I only map out the way
Because faces smile at me.
Because the goat goes to drink
And because a beggar listens to me.

II.

The night has stayed in the well
Because during the whole day
The wind has made the branches
Of the tree with helpless leaves
Lean over the mighty ridge of the well
Closing down the sun.
I do not know the name of the tree.
– Since then the wind has not shifted.
Only the tree moves back a little
But only to lean again
Over the deep dark gloomy well
Where the night is held prisoner.

– Et la nuit n'a pas bougé.
Elle attend simplement l'heure
Où le ciel couleur de plomb
Fera mouvoir le treuil
Qui la remontera.

Alors viendront de grands oiseaux
Avec leurs yeux alumineux
Pour célébrer la belle joie
De la douce nuit revenue.

– And the night has not shifted.
She is only waiting for the hour
When the leaden sky
Will cause the winch to move
And pull it up.

Then will come the big birds
With their eyes all on fire
To celebrate the beautiful joy
Of the return of the sweet night.

Qui est qui[*]

aux jeux de la mer
les coquilles vides se prennent
et se prennent
pour des soldats
les enfants heureux
les enfants ils leur courent
après les attrapent
les mettent dans une moque
capstène[†] et disent émerveillés
regardez mes crabes.

---

[*] Poème posthume
[†] Une moque capstène : une boîte métallique ronde et vide de cigarettes de la marque Capstan. Anciennement très populaire.

Who is who*

at the games of the sea
the empty shells are taken
and take themselves
to be soldiers
the children are happy
the children they run after them
and catch them
put them in a cigarette tin
and say in wonder
look at my crabs.

---

* *Qui est qui* was published posthumously in 2013.

Wisdom (1939)

Parmi la forêt verte un maigre doigt indique
un point invisible dans le vide   Agite
la froide erreur qui couvre ton foyer
et pourquoi chercher à tâtons dans ces ténèbres de jour
le sens des cimes qui t'échappe
De jeunes couples montent et poursuivent
de grands drapeaux bougeux dans l'espace tintant
leurs doigts qui cherchent l'amour
étreignent des étoiles de sang
du sang vorace de leur doute
Si tu veux vivre au sein d'une paix salutaire
rejette l'oripeau de ta vaine morale
et couche pour que ta pensée soit vraiment pure
ton cœur parmi les herbes simples du silence

Sagesse

Within the green forest a thin finger points out
an invisible point in space   Shake
the cold error that surrounds your home
and why search hesitantly in these dark areas of the day
the meaning of the summits which escapes you
Young couples climb and follow
large flags that move in the clinking air
their fingers which look for love
embrace stars of blood
the voracious blood of their doubts
If you want to live within a healthy peace
cast out the tawdry rags of your empty morality
let your heart rest among the healing herbs of silence
so that your thoughts may be truly pure

Briser les chaînes littéraires : surréalisme /

Unyoke: surrealism

L'ange aux pieds d'airain (1934)

I.

Le vent rebondissait de branches en branches
l'aiguille de mon cœur baissait graduellement
depuis le dernier virage du dernier train
barométrique   prisme légendaire des latitudes humaines

Gare tumultueuse   mon train entrait intransigeant
interrogeant en dressant son pavillon de fumée
Les noms des villes rencontrées ballottaient dans mon ventre
Reprise absurde parmi la stridence des sifflets
     rétrofuite   botanique   architecture   maquette de l'humanité

et je plongeais   chance dernière   mon cœur
– ferraille –
et le train plongeait
dans la nuit et le ventre d'un tunnel

II.

À tel degré latitude sud
on crèverait de froid et d'ennui
si les bourgeois n'avaient inventé
le mécanisme calorifique des bêtises
Que faire
pour faire de la littérature
il faut au moins 20 balles
le coût d'une raquette et des balles

On vénère au vrai jardin des plantes
l'immortalité en miniature   bronze plaqué   empaillée
panama   feutre   haut-de-forme
se déroulent comme un écheveau lamartinien

The angel with feet of bronze

I.

The wind rebounded from branch to branch
the needle of my heart was falling inch by inch
since the last turn of the last train
barometric   legendary measure of human latitudes

Boisterous station   my train came intransigent
questioning by raising its flag of smoke
The names of towns passed by rolled around my belly
Absurd rerun amid the stridence of whistles
retroflight   botanic   architecture   mock up of humanity

and I plunged   last chance   my heart
– scrap iron –
and the train plunged
into the night and the belly of a tunnel

II.

At this degree of latitude
we would die of cold and ennui
if the bourgeois had not invented
the calorific engine of stupidity
What can we do
to be a writer
one needs 20 smackers
the cost of a racket and balls

We worship at the botanical gardens
immortality in miniature   in plated bronze   stuffed
panama   fedora   top hat
unfold like a skein of Lamartine*

---

*   Alphonse de Lamartine (1790–1869) French romantic poet.

Que faire   l'hugolaterie* aussi est à la mode
Aïe mon cœur   ce chien de cœur   ce cœur de chien
écrasé sous le rapide 1934

et ce premier prix
qu'on m'a promis
si je devenais sentimental !

III.

Un clou
dans le pneu arrière de ma pensée
f   u   i   t   e
la route s'ouvre brusquement devant mon pas
Je pense comme au travers d'un rêve
pourvu que ne vienne frapper à la porte
la bonne chargée de me réveiller
une foule m'attend au bas de chaque idée
Je répondrai qu'on s'est quitté par accident
comme à notre rencontre au tournant de la rue
où il y avait un tas de gens
parce qu'il y avait un pendu
qui montrait sa langue   Tu avais peur

J'ai partagé ta peur
Le soir pour abréger ta route
tu entrais chez moi

et puis pour mettre un clou dans le pneu de ma pensée
je dirai que tu avais partagé
avec d'autres
la blanche nudité que tu m'avais offerte

* D'après Noyau on idolâtrait Hugo. Il combine, donc, Hugo et idolatrie.

What can we do   idolising Hugo[†] is also the fashion
Oh my heart   this dog of a heart   this heart of a dog
crushed under the nineteen thirty-four express

and this first prize
that I was promised
if only I played the sentimental!

III.

A nail
in the back tyre of my thought
p   f   f   t
the road suddenly opens in front of my step
I muse as through a dream
hoping that the maid given the task
to wake me does not knock at the door
A crowd waits for me at the end of each thought
I will say that we left each other by accident
just like we met at the bend of the road
where a crowd had gathered
because there was a hanged man
who showed his tongue   You were afraid

I shared your fear
That night to hasten your desire
you came to my place

and then to put a nail in the tyre of my thought
I will say that you had shared
with others
the white naked body you offered me

---

† Victor Hugo (1802–1885) French romantic poet, novelist and dramatist. According to Noyau, Hugo was idolised; hence the combination of Hugo and idolatry.

IV.

L'étang est un monde renversé sans fracas
Il sied que l'on recommence
et que chacun apporte sa note
pour reconstruire l'humanité
cette fois en ciment armé
Dogmatique l'élite s'annonce
comme un fait météorologique
ce soir des confetti danseront dans l'éther
Déjà le docteur de la mise en scène
qui est en moi
réfléchit à d'autres mensonges
Moreux*... Einstein... Messieurs ! le dernier train battra des ailes

V.

Un vent sternutatif voyage
prends garde à ton château de vieilles fables
il t'en cuira de faire le rêveur, bourgeois !
Ton olympe lilliputien de carton mâché
que tu passes à reconstruire
je le ferai sauter à coups d'épingles

Inoffensif   offensif   offensé
tu m'intimeras devant tes fraudeurs de prêtres
comme fou
et tandis que ton fouet me cinglera le dos
du fond de mon grand cœur je prierai pour toi
ô toi qui ne sais pas ce que l'on sait de toi

* L'abbé Théophile Moreux (1867–1954) auteur de *Pour comprendre Einstein*.

IV.

The pool is a world turned upside down without the noise
It is fitting to start again
and for each one to bring his own special touch
to rebuild humanity
this time in reinforced concrete
Dogmatic the elite announces itself
as a meteorological fact
tonight confetti will dance in the upper air
Already the master stage manager
who is a part of me
thinks of other lies
Moreux*... Einstein... Gentlemen! the last train will beat its wings

V.

A sneeze of a wind is on its way
take care of your castle made of old fables
you will get burnt for acting the dreamer, bourgeois!
Your lilliputian olympus made of paper mâché
which you spend your time rebuilding
I will tumble it down with pin pricks

Inoffensive   offensive   offended
you will take me before your fraudulent priests
and pronounce me mad
and while your whip will lash my back
from the bottom of my heart I will pray for you
oh you who do not know what we know about you

---

* Abbot Théophile Moreux (1867–1954) author of *Understanding Einstein*.

VI.

Des paroles réverbères de mon ennui
glissent au long de l'échine obscure de la nuit
Comètes dont la queue décrit dans ma mémoire
la courbe irrévocable de tes hanches
et telle route faite au volant de mon rêve
Mais le ventilateur de tes doigts sur ma face
efface cette esquisse immatérielle et fausse
pourtant mon jeune instinct extrêmement aspire
au miel ultraviolet d'un poème de Spire[*].

VII.

Il fait froid le garçon souffle dans ses doigts
une servante essuie avec son tablier
la glace ternie par le froid et la poudre de riz
Il fait très froid mais les tasses triomphales transpirent
comme des nègres[†] dans une mine de charbon
Jazz de fourchettes dans les assiettes
Vrai jazz
des souliers d'argent bleu glissent sur le parquet
et luisent
comme des yeux de mendiant devant un four qui sent le pain
Frénétique attitude des smokins fiche-tèles[‡] cigares
tous les riches sont là à danser à crier à hurler
à tue-tête
dans la tête des voisines
des phrases d'amour vagues
Vague de vent
je suis dehors moi
je ne suis pas moins riche
j'ai les poches pleines
de mes mains.

---

[*] André Spire (1868–1966) écrivain et poète français.
[†] Ce mot n'a jamais été utilisé péjorativement par Noyau qui revendiquait son ascendance africaine avec passion.
[‡] *Smoking* sans le *g* pour souligner la prononciation mauricienne; *fishtail*, vêtement en queue de poisson, prononcé fiche-tèle à Maurice, dans le temps.

VI.

Words reflections of my ennui
glide along the dark spine of the night
Comets whose tails scroll in my memory
the unalterable curb of your hips
the road taken at the wheel of my dream
But the fan of your fingers on my face
wipes away this will-o'-the wisp outline
still my young spirit climbs high
to the ultraviolet honey of a poem by Spire.*

VII.

It's cold the waiter blows in his fingers
a cleaner wipes with her apron
the mirror tarnished by the cold and face powder
It's very cold but the cups stand proud sweat
just like black men in coal mines
The forks play jazz on the plates
Real jazz
silver blue shoes glide over the parquet
and shine
like the eyes of beggars in front of an oven which smells of bread
Frenetic postures of tuxedos fishtails cigars
all the rich they dance they yell they scream
at the top of their voices
in the ears of the women
vague phrases of love
Wave of wind
me I am outside
I am no less rich
my pockets are full
of my hands.

---

* André Spire (1868–1966) French writer and poet.

Récurrence mélodique (1939)

Des voix s'épousaient dans l'ombre des allées

on dirait un azur fondu qui se lamente
c'est la mer
voici des arbres bleus avec leurs troncs fendus
les paroles tombent comme roses sur ronces
sur le sable inquiet s'imprime encore ton pas

c'est simplement une abeille
qui s'éveille
dans ton oreille
on dirait l'amour
un désir en masque de verre concave
l'oubli est à deux pas qui guette entre les feuilles
en jouant aux dés
un gros vent égratigne un nuage naissant

Des lèvres s'épousaient dans l'ombre des allées

la mort est à un kilomètre de l'amour
quand la lune de mai est une lune de miel
en tournant le train se plie se cambre
des oiseaux font leur nid dans ton parapluie
ton nez est une tomate sucrée à l'infini
pour l'esthétique de ton visage lunaire
ton corps est un drapeau qui marche
avec des gestes d'enfant
qui se penche
qui flanche
comme un cerf-volant boiteux

Des mains se démêlaient dans l'ombre des allées

Melodic recurrence

Voices married in the shade of alleyways

one might say a melted azure moaning
it's the sea
here are blue trees with split trunks
words fall as roses on thorns
on the unquiet sand your step again leaves its imprint

it's only a bee
which wakes
in your ear
one might say love
desire in a mask of concave glass
forgetting is two steps away watching between the leaves
while playing at dice
a strong gust of wind grazes a rising cloud

Lips married in the shade of alleyways

death is a kilometre from love
when the May moon is a honey moon
as it turns the train folds and arches its back
birds make their nests in your umbrella
your nose is a tomato sweetened to infinity
to match the aesthetics of your moon face
your body is a flag in motion
with the gestures of a child
who leans
who wavers
like a limp kite

Hands unravelled in the shade of alleyways

Briser les chaînes : Poèmes africains* /

Unyoke: African poems†

---

* René Noyau adopta la rubrique *Écrits africains* pour plusieurs de ses textes. Ce choix était d'ampleur radicale à l'époque du fait que ce qui était africain n'était pas prisé.

† René Noyau chose the rubric *African* for a number of his works. This was a radical step at the time in Mauritius when things African were not particularly valued.

Notre ascendance (1960)

Les uns avaient pansé tant bien que mal
les blessures de nos mères
d'autres tout nus comme ils étaient venus
s'étaient endormis sans pensée
au fond du grand marais
des gorges de Rivière Noire*
aux confins de la mémoire
des bois de nattes† millénaires
Les plus malins enfin
avaient dansé en rond
leur cœur en forme de roupie
suspendu à leur scapulaire
L'honnête usurier défendu
l'infâme victime punie
l'argent coupable libéré
tout le couplet miroitant de la loi
claquait au vent et se hissait
au sommet des mâts déjà pavoisés
de la démocratie
Puis vint un chef de bande
qui proclama un siècle et demi de silence
et tandis que passait la caravane
au grand dam de la meute écrasée
qui aboie encore
le soleil
comme si de rien n'était
poursuivait sa course dans le temps
prévu des saisons tropicales

---

* Au sud-ouest de l'île Maurice.
† Arbre indigène de l'île Maurice.

Our ancestry

Some had patched up as best they could
the wounds of our mothers
others still as bare as they were born
had fallen asleep without a thought
at the bottom of the great swamp
of the Black River gorges*
in the innermost memories
of age-old *natte* trees†
Finally the canniest
had danced in a circle
their hearts in the shape of rupees
hanging onto their scapulars
The honest usurer defended
the loathsome victim punished
fraudulent funds released
all of the seductive acrobatics of the law
flapped in the wind and hoisted itself
to the top of the masts of democracy
already decked with flags
Then came a leader of the gang
who declared a century and a half of silence
and while the caravan went by
to the great blight of the crushed pack
which still barks
the sun
as if nothing had happened
continued its course in the scheduled time
of tropical seasons

* In the south-west of Mauritius.
† Tree indigenous to Mauritius.

Sega* de liberté (1959)

Nous n'avons point de totem
nous ne retournons pas nos morts†
nous n'avons ni lamba‡ ni nattes
tressées sur la tête de nos filles

Nous ne tuons pas de taureau gras
à la naissance de nos fils
nous ne tuons pas de taureau
mais le baca‡‡ coule comme de l'eau
même quand il ne s'agit pas d'un fils
qu'il ne s'agit que d'une fille
qu'il faut marier nos enfants
et les enfants de nos enfants
reconduire un mort à la terre

Nous n'avons point de totem
mais pour vénérer celui qui part
pour accueillir celui qui vient
le baca coule comme de l'eau
ô le baca coule partout
dans nos veines

Nous n'avons point de totem
mais nous veillons au bord extrême
de la terre qui est la même
ici et là-bas
la terre au goût de sueur
et de baca
que nous lui donnons
pour que notre pain
ait ce goût-là

---

* Sega, plus souvent épelé Séga, est un chant et danse de l'île Maurice.
† Famadihana ou le retournement des morts est une cérémonie funéraire dans certaines régions de Madagascar. Les os des morts sont déterrés, les linceuls renouvelés avant d'être enterrés de nouveau.
‡ Pièce de coton ou de soie qui fait partie du costume traditionnel de la femme malgache
‡‡ Note de René Noyau : Boisson obtenue par fermentation, venue des ancêtres

Sega* of freedom

No we do not have totems
we do not turn the bones of our dead†
we do not have lambas‡ or plaits
woven on the heads of our daughters

We do not slaughter the fattened bull
at the birth of our sons
we do not slaughter the bull
but the baca‡‡ flows like water
even when it is not about a son
when it is only about a daughter
when we must arrange the weddings of our children
and the children of our children
or lead back a dead person to the earth

No we do not have totems
but to revere the one who leaves
to welcome the one who comes
the baca flows like water
oh the baca flows
in our every vein

No we do not have totems
but we keep watch at the very end
of the earth which is the same
here and there
the earth tasting of sweat
and of baca
the baca we offer to the earth
so that our bread
might taste of it

---

* Mauritian dance and song.
† Famadihana, known as the turning of the bones, is a traditional funerary rite in Madagascar. The remains of the dead are taken from the family crypts, rewrapped and then returned to the crypt.
‡ Cotton or silk cloth which forms part of the traditional dress of the Madagascan woman.
‡‡ Note from René Noyau: Fermented drink from ancestral times.

Et pour manger ce pain de terre
pour en donner à nos enfants
et pour en offrir à nos morts
le baca coule comme de l'eau ô
le baca coule de partout
dans les veines de la terre
pour nous donner ce goût de pain
de liberté

Nous n'avons point de totem
mais la corde de nos nombrils
est là-bas
dans la terre des totems
dans la terre des lambas
et des tresses sur la tête
de vos filles

Et le baca coule comme de l'eau
parce que trois cents ans bientôt
que les cordons de nos nombrils
sont enterrés
sous les os des taureaux immolés
pour nous donner ce goût tenace
de liberté

Nous n'avons point de totem
nous n'avons plus que la couleur
de notre peau
pour nous identifier au pain
de liberté

Nous n'avons plus que le sega pour nous tenir
dans cet exil
terre entre mers
Nous n'avons plus que le sega pour nous unir
nous n'avons plus que le sega
que l'on a mis à la boutique
parmi les pains de paix amère

And when we eat this bread from the earth
when we give it to our children
when we offer it to our dead
the baca flows like water oh
the baca flows from everywhere
in the veins of the earth
to give us the taste of this bread
of freedom

No we do not have totems
but the cord of our navels
belong over there
in the land of totems
in the land of lambas
and plaits on the heads
of your daughters

And the baca flows like water
because it will soon be three hundred years
that the cords of our navels
are buried
under the bones of sacrificial bulls
to give us this deep-rooted taste
of freedom

No we do not have totems
we now only have the colour
of our skin
to identify us to the bread
of freedom

We now only have the sega to hold us
in this exile
land between seas
We now only have the sega to unite us
we now only have the sega
that has been put on the shelf
among all the loaves of bitter peace

qui sont offerts partout partout
pour nous confondre
et pour confondre nos désirs de liberté

Mais trois cents ans
que nous guettons le son
du tambour endormi dans la terre
où la corde de nos nombrils est enfouie

Nous n'avons point de totem
mais trois cents ans
que le sega attend
le signal du tambour
pour faire lever et s'enrouler
tout autour de la terre
pour se lever et s'enrouler
tous les cordons de nos nombrils
autour de la terre
et le baca coulant comme de l'eau
dans nos veines de terre
nous faisant danser la danse des astres
en liberté

Point de totem
mais nos désirs de liberté
ont fait de nous des êtres fous
de liberté

Tel le tambour
offrant ces flancs au feu
nous nous offrons à tous nos frères
qui luttent dans le feu
pour la liberté

Tel le tambour auprès du feu
nous sommes frères prêts
pour mener ce sega
de liberté.

which are offered everywhere everywhere
to confuse us
and to confound our hunger for freedom

But it has been three hundred years
that we have watched out for the sound
of the drum asleep underground
where the cord of our navels is buried

No we do not have totems
but it has been three hundred years
that the sega has been waiting
for the signal of the drum
to rise and wrap itself
all round the earth
to make all the cords of our navels
rise and wrap themselves
around the earth
and the baca flowing like water
in our veins of earth
sets us to dance the dance of the stars
in freedom

No no totem
but our desire for freedom
has driven us mad
for freedom

Just like the drum
yielding its skin to the fire
we yield ourselves to all our brothers
who fight in the midst of fire
for freedom

Just like the drum close to the fire
we brothers are ready
to lead this sega
of freedom.

Terre en feu (1955)

à T.S. Eliot

Ce n'était pas assez d'avoir été tirée
du limon de la terre
mon veuvage ayant mon âge même
il a fallu encore que je fusse pétrie
à son flanc par tous les instruments de labour
de cet amour.
Dans sa main je voulais rester l'ombre
de ses doigts
mais je devins un instrument de douces
tortures à l'inversement de ses nuits
qui avait l'âge même de la terre.

Ce n'était pas ce n'était pas assez
d'avoir été pétrie par ses doigts plus ténus
que la nuit
ses doigts de faux et de faucille
il me fallait être frappée
par la herse et la pioche
pour inventer le cri de l'enfant
enroulé comme une amulette
autour de mes reins stériles.

J'étais folle. Ma blessure pouvait se fermer
et s'ouvrir comme une huître
à l'approche de ses doigts j'avais besoin
d'être remuée jusqu'à l'écorce. J'étais folle.
Le temps marquait les horloges
dont les aiguilles tournaient de gauche à droite
dans le sens de ma nuit
dans le sens de la vis
sans fin.
Je le voulais dormant à l'ombre de mes cils
mais l'ombre n'est jamais un lieu de tout repos
je le voulais mourant mourir de ma mort même
mais mon ombre cruelle en l'éloignant de moi

Earth on fire

for T.S. Eliot

It was not enough to have been pulled
from the clay of the earth
my widowhood numbering my own age
I also had to be kneaded
at his side by all the ploughing instruments
of that love.
In his hand I wanted to remain the shadow
of his fingers
but I became an instrument of sweet
torture inversely to his nights
as old as the earth itself.

It was not it was not enough
to have been kneaded by his fingers more slender
than the night
his scythe and sickle fingers
I had to be struck
by the harrow and the mattock
to bring alive the cry of the child
wrapped like an amulet
around my sterile loins.

I was crazy. My wound had the power to close
and open like an oyster
at the approach of his fingers I needed
to be shaken to the bark. I was crazy.
Time marked the clocks
their hands turned from left to right
towards my night
towards the spiral
without end.
I wanted him asleep in the shade of my eyelashes
but shade never offers real rest
I wanted him dying to die of my own death
but my cruel shade took him away from me

me jetait chaque fois au fond de mon veuvage
qui avait l'âge même de ses nuits inversées
et chaque fois j'appelais ces longs doigts de pardon.
Et ils me revenaient ces doigts de pluie ces doigts
de vent ces doigts de soufre ces doigts d'enfant prodigue
et j'étais toute humiliée de n'être pas
un grand morceau de toile où ses doigts de pinceau
m'auraient restitué le limon de moi-même
et j'étais toute honteuse de n'être pas la pierre
le bois ou la glaise que ses doigts de ciseaux
que ses doigts de burin auraient pu transformer
en un fruit de moi-même
Oui j'étais toute honteuse et toute humiliée
d'être une terre en feu qui brûlait ses semences.

Ce n'était pas assez non non
ce n'était pas assez d'avoir été battue
pendant les temps les plus propices
à cet amour
il m'a fallu encore être déchiquetée
par tous les instruments des passions
même en contre-saison.
Insensée que j'étais de croire qu'on pouvait
changer la marche aveugle des rivières
ou endiguer ce qui demande à s'en aller
ou alterner le contenu d'un continent aride
nul cure-môle en moi aucun excavateur
dans mon sol infécond ne me fut salutaire
ce que le soc et la foudre n'avaient pu donner
par quelles autres aventures eus-je atteint au miracle ?

Et désormais je suis sans but
comme un violon abandonné dans un étui
violon phénoménal au son sans harmonique.
Il me faudrait il me faudrait ses doigts d'archet
ses doigts de plant grimpant ses doigts
de sommeil dans mes nuits dans mes nuits sans sommeil
Que dis-je il me faudrait il me faudrait ses mains

threw me back each time to the depths of my widowhood
which had the very age of his inverted nights
and each time I called for his long fingers of forgiveness.
They kept coming back to me these fingers of rain these fingers
of wind these fingers of sulphur these fingers of the prodigal son
and I was utterly mortified not to be
a large piece of canvas where his paintbrush fingers
would have restored me to my own clay
and I was utterly ashamed not to be the stone
the wood or the clay which his scissor fingers
which his chisel fingers could have transformed
in a fruit of myself
Yes I was utterly ashamed and utterly mortified
to be an earth on fire which burned its own seed.

It was not enough no no
it was not enough to have been battered
during times most propitious
to this love
I had also to be hacked
by all the instruments of passion
even out of season.
Insane I was to believe that we could
change the blind course of rivers
or hold back that which needs to go forward
or change what an arid continent holds
I have neither dredger nor digger
to save my barren soil
what the ploughshare and the thunderbolt were unable to achieve
by what other means might I attain a miracle?

From now on I am aimless
like a violin abandoned in a case
amazing violin with its music without harmony.
I would need I would need his bow-like fingers
his fingers of climbing vine his fingers
of sleep in my nights in my sleepless nights
What am I saying I would need I would need his hands

de tulipes ou de glaïeuls ses mains de voix
qui vous appelle et qui vous pousse à la violence
qui vous devine et qui vous prend et vous reprend
et vous délivre !
pour vous jeter sans force à votre sort de veuve
éternelle
et insatiable
ses simples mains d'amant où s'agrippe mon âme
ses mains de sorcier cependant impuissantes encore
à donner souffle à ce limon dont la mort est ma vie même.

of tulips or of gladioli his hands with a voice
that calls you and that impels you to violence
that reads deep into you and takes you again
and frees you!
to cast you off devoid of strength to your widow's fate
eternal
and insatiable
his plain and simple lover's hands my soul clings to
his wizard hands still powerless
to give breath to this clay whose death is my life itself.

Prières / Prayers

Perspective (1939)

Je te rejoins par la pensée
ligne transmélographique de ma ferveur
et je m'écoute rire un vain alexandrin
Si je l'entends si bien c'est que mon cœur
vibre de toutes ses fibres
et que toutes les fumées d'usines
forment le blanc troupeau qui m'emmène vers toi
Je sais par ma force de désirer
qu'un jour le désert silencieux de ta voix
s'illuminera immensément
de toutes les prières que la terre t'envoie
de tous les bruits que ton silence a renfermés
depuis la naissance de l'homme
Le ciel éclatera
ô mon Dieu
et je vivrai en toi d'une indissoluble amitié

Perspective

We meet through thought
transmelographic wire of my passion
I hear myself laugh a fruitless alexandrine
If I hear it so clearly it is because my heart
pulses in all its fibres
and because all the smoky factory chimneys
shape the white flock which takes me to you
I know that by the strength of my longing
one day the silent desert of your voice
will awaken bright and boundless
with all the prayers that the earth sends you
with all the sounds that your silence has shut in
since the birth of mankind
The sky will burst
oh my God
and I will live in you in an indissoluble friendship

Pour une juste justice (1939)

maintenant
puisqu'il faut nous courber
débarrassons notre échine
de ce faux et lourd orgueil
puisqu'il faut nous courber devant l'Être Suprême
car l'heure finale doit bientôt sonner
nous les puissants de ce monde les rois de l'or
dépouillons-nous de nos artifices humains
ôtons les masques passionnels
rejetons le beau manteau moral et religieux
remettons-nous au niveau de nous-mêmes
et sans trop de grimace
essayons tout doucement
de faire le pieux le dévot le bon apôtre l'ange
essayons
puisqu'il faut nous courber
maintenant

For a just justice

now
since we need to bend
let us ease free our shoulders
from this false and heavy pride
since we need to bend in front of the Supreme Being
for the final hour will soon toll
we the powerful of this earth the kings of gold
let us strip ourselves of our human subterfuge
let us tear off our masks of passion
let us hurl back the fine cloak of morality and religion
let us go back to our core
and without too much strain
let us very slowly
try to play the devout the good apostle the angel
let us try
since we need to bend
now

L'abandon[*]

Je sais que ce n'est pas à vous de supprimer
tous les ruisseaux qui descendent de mes vertèbres
que ce n'est qu'à mon cœur seulement à mon cœur
de tarir toutes mes fontaines de désir
Aveugle mais voyant au-delà même de la mort
lépreux vil dont les doigts pourrissants se détachent
pour mieux s'identifier à ces corps corrompus
que parfument mes vices
faites ô faites que crèvent mes yeux qui persistent
à ne voir pas plus loin que le bout du chemin.
Faites que flétrissent comme l'herbe des bêtes
mes mains fauchées
que s'annule tout amour
qui ne doit pas être
mon amour pour vous
mon Dieu

[*] Poème posthume

Forsaken*

I know it is not for you to suppress
all the streams which flow from my spine
it is up to my heart only up to my heart
to dry all the fountains of my desire
Blind but seeing beyond death itself
vile leper whose decaying fingers become loose
to identify themselves more closely to the rotting bodies
that perfume my vices
please o please blind my eyes which continue
to see no further than the end of the road.
Please let my skint hands
wither like the grass for animals
please abolish all love
that is not
my love for you
my God

* *L'abandon* was published posthumously in 2013.

Dormir mon Dieu et être sûr[*]

que devant ce circuit
du doute clair à l'obscure confiance
cette femme restera telle
que la machine à coudre[†]
l'aurait voulu pour son angoisse
et pour la sienne

---

[*] Poème posthume
[†] Joyce Bahadoor, compagne de René Noyau de 1958 jusqu'à sa mort, était modiste. Elle travaillait dur même lorsqu'elle souffrait d'un kyste cancéreux dans sa bouche.

To sleep dear God and be certain[*]

that before the passage
from clear doubt to obscure trust
this woman will stay as
the sewing machine[†]
would wish for its anguish
and hers

[*] *Dormir mon Dieu et être sûr* was published posthumously in 2013.
[†] Joyce Bahadoor, René Noyau's companion from 1958 until his death, was a fashionable dressmaker. She worked hard, even though she had a cancerous cyst in her mouth.

Note du traducteur

Je suis le troisième enfant et seul fils de René Noyau. Nous n'avons jamais vécu sous le même toit, ma mère ayant divorcé de mon père peu après ma naissance. Ce que je sais de lui ne provient pas d'une vie passée l'un à côté de l'autre en tant que père et fils. Je l'ai rencontré, irrégulièrement, à partir de l'âge de treize ans. Grâce à ces rencontres j'ai découvert un homme intense et tout à fait dévoué à ce qu'il croyait, un homme cultivé ayant des connaissances étendues en matière de politique, des arts et des affaires courantes du monde. Je savais qu'il était écrivain, mais ses propres écrits ne figuraient presque jamais dans nos conversations. En août 1984, un mois avant sa mort, il m'offrit plusieurs de ses écrits, certains en manuscrits. Ce n'est qu'en 2010, après une carrière dans le monde de l'enseignement, que, pour la première fois, je me suis rendu compte de l'ampleur, de la qualité et de la diversité de son oeuvre. Depuis j'ai établi et présenté à l'île Maurice en 2012 et 2013 quatre volumes de ses écrits, avec la collaboration éditoriale de Robert Furlong et l'aide de Culture et Avenir, une cellule attachée au Bureau du Premier ministre mauricien à l'époque. Aujourd'hui Two Rivers Press publie ce texte bilingue de quelques poèmes de mon père qu'une rencontre fortuite avec Peter Pegnall m'a donné l'idée de produire. Les deux projets ont été semés de découvertes et d'inspirations … J'espère que le lecteur pourra partager ces impressions.

Les poèmes ont été choisis de ses deux recueils, *L'Ange aux pieds d'airain* (1934) et *Le Labyrinthe illuminé* (1939), de poèmes posthumes retrouvés dans des manuscrits et de ceux publiés dans divers journaux et revues. Ils ont été regroupés en six sections, plutôt que chronologiquement, reflétant des thèmes récurrents et importants de la poésie de René Noyau. La date de publication de chaque poème est indiquée. Quelques notes de bas de page ont été insérées, parfois dans une langue seulement. Ce choix est délibéré dans les cas où des notes ne feraient que marquer ce qui est évident.

René – comme je le nommais lors de nos rencontres – se servait souvent de titres anglais pour ses poèmes. Il y en a deux, *A Simple Presentation* et *Wisdom* dans ce recueil. Je me suis servi de titres français pour les versions anglaises. Il se servait d'un bon nombre de néologismes dans ses écrits. On retrouve, ici, *inassoifé, bougeux, sternutatif* dont le sens est clair en contexte. Je n'ai pas été aussi audacieux dans mes traductions.

Gérard Noyau

Translator's note

I am the third child and only son of René Noyau. I have not lived under the same roof as my father, the result of a divorce requested by my mother soon after my birth. What I know of him does not come from a life lived together as father and son. Irregular meetings from the age of thirteen gave me insights into a man intense and passionate in his beliefs, well-read and knowledgeable about world affairs, the arts and politics. Although I was aware that he was a writer, his own writings rarely featured in our conversations. In August 1984, the month before he died, he gave me many of his works, some as manuscripts. I only fully realised their range, quality and diversity in 2010 when, in retirement from a career in education, I first gave them the attention they deserved and recognised their scope, quality and diversity. Since then, I have introduced and edited four volumes of his works in Mauritius in 2012/13, with the editorial collaboration of Robert Furlong and the help of Culture et Avenir, a department attached to the office of the then Prime Minister of Mauritius. Now Two Rivers Press is publishing this dual text of poems by my father, which a chance meeting with Peter Francis Pegnall led me to undertake. Both projects have been full of surprises and illuminations. I hope the reader can share some of them.

The poems have been selected from his two published collections, *The angel with feet of bronze* (1934) and *The Labyrinth lit up* (1939). There are also poems published individually in journals and magazines, or retrieved posthumously from manuscripts and notebooks.

They have been grouped in six sections, rather than chronologically, in order to reflect significant, recurrent themes in his poetry. Original dates of publication are indicated. A small number of essential footnotes have been provided, in some cases in just one language as we have attempted to avoid stating the obvious.

René – as I always addressed him when we met – often used English titles for his poems, and two of these, *A Simple Presentation* and *Wisdom*, are included in this collection. In the English versions I have used French titles, *Une simple introduction* and *Sagesse*. He also used a number of neologisms in his works, for example *inassoifé*, *bougeux*, *sternutatif*, whose meanings are clear in context. I have not been as adventurous in my translations.

Gérard Noyau

Have you ever been ambushed by a Mauritian?

I was – in a rather grim church hall in Sheringham, over a meal of very English limp lettuce. A genial figure asked if I'd be interested in looking at his father's poems. I assented, with a slightly heavy heart, bearing in mind the mixed blessing of being offered poems almost everywhere I travel. What if I didn't understand, couldn't respond, if I was bound to disappoint this friendly, courteous, attractive stranger?

    Four years later and I have been astonished by the range, the individuality, the searing honesty of René Noyau's work. This is a writer completely dedicated to the power of the written word, whose search for freedom of expression and clarity of feeling has a social, even political urgency to it. My own writing has gained flexibility and nuance, has entered new regions of rhythm and imagery as a result of creative collaboration with a man, his son, who has become a close, trusted friend. This, it seems to me, is what poetry can and must do for us: cut through cultural facades and enter a common pursuit of difficult truths. I am proud to have assisted in this important project. May I recommend being ambushed by a Mauritian? This is what will happen when you read this collection.

Peter Pegnall

Vous êtes-vous arrivé d'être tombé dans une embuscade tendue par un Mauricien ?

Cela m'est arrivé à moi dans une église, plutôt moche, au cours d'un repas de feuilles de salade défraichies. Quelqu'un d'aspect affable me demanda si cela m'intéresserait de jeter un coup d'oeil sur les poèmes de son père. Comme on m'offre toujours des poèmes à lire, c'est avec le coeur lourd que j'y ai consenti. Si cela m'arrivait à ne rien comprendre, à ne pouvoir donner un avis, je serais sûr de décevoir cet étranger si sympathique, courtois et attrayant ?

Quatre ans plus tard je suis surpris par l'ampleur, l'individualité, et l'intense honnêteté et intégrité de l'oeuvre de René Noyau. Voici un écrivain tout à fait dévoué au pouvoir du verbe, un écrivain dont la recherche de la liberté d'expression et et de la clarté du sentiment se rattache à une certaine urgence sociale et même politique. Mes propres écrits ont gagné de la souplesse, ont découvert de nouvelles sources de rythme, d'images poétiques et sont plus nuancés grâce à cette collaboration créative avec un homme qui est maintenant un ami très proche et en qui je peux faire confiance. C'est, il me semble, ce que la poésie peut et doit signifier pour nous: couper à travers les façades culturelles et participer dans une recherche de vérités difficiles à contempler. Je suis fier de faire partie de ce projet.

Puis-je vous recommander d'être pris en embuscade par un Mauricien? C'est ce qui vous arrivera lorsque vous lirez ce recueil.

Peter Pegnall
Version française, Gérard Noyau

Two Rivers Press has been publishing in and about Reading
since 1994. Founded by the artist Peter Hay (1951–2003),
the press continues to delight readers, local and further afield,
with its varied list of individually designed,
thought-provoking books.